全国中等职业技术学校汽车类专业教材

汽车车身整形习题册

中国劳动社会保障出版社

图书在版编目(CIP)数据

汽车车身整形习题册/张启森主编. —北京：中国劳动社会保障出版社，2014
全国中等职业技术学校汽车类专业教材
ISBN 978-7-5167-1325-9

Ⅰ. ①汽…　Ⅱ. ①张…　Ⅲ. ①汽车-车体-车辆修理-中等专业学校-习题集
Ⅳ. ①U472.4-44

中国版本图书馆 CIP 数据核字(2014)第 164892 号

中国劳动社会保障出版社出版发行
（北京市惠新东街 1 号　邮政编码：100029）
*
三河市潮河印业有限公司印刷装订　　新华书店经销
787 毫米×1092 毫米　16 开本　3 印张　70 千字
2014 年 8 月第 1 版　　2025 年 6 月第 8 次印刷
定价：6.00 元

营销中心电话：400-606-6496
出版社网址：http://www.class.com.cn
http://jg.class.com.cn

目　录

单元一　车身检验

课题一　车身损伤类型认知

一、填空题（将正确答案填写在横线上）

1. 在各种事故中，要能准确地确认__________和__________，方可为制定维修方案，恢复其__________和__________做参考依据。

2. 按照__________和事故所导致的后果，可将碰撞事故分为__________、__________、__________、__________和__________。

3. 在事故中，车辆的直接损坏是由________引起的，它的__________和____________不同，对事故车造成的损坏也不同。

4. 车架损伤主要呈现__________、__________、__________、__________和________五种形式。

5. 车身覆盖件常呈现__________、__________和__________等损伤形式。

6. 轿车行李箱用于放置__________和__________。

7. 翼子板又称____________________，是车身两侧的板件，既具有防止发动机舱里的____________、____________和______________窜入车厢的作用，又具有防止____________的功能，因此________和__________尤为重要。

二、选择题（将代表正确答案的字母填写在横线上）

1. 碰撞力的方向一般不会与车身的__________方向平行。
   A. 一维　　B. 二维　　C. 三维　　D. 空间

2. 损伤车辆的挤压部分比正常尺寸__________。
   A. 长　　B. 短　　C. 不变　　D. 无法判断

3. 立柱是构成车身侧框架的钣金________，是非常重要的支撑件。
   A. 结构件　　B. 车架件　　C. 覆盖件　　D. 车身

4. 下凹损坏即车架某一段比正常位置________。
   A. 高　　B. 低　　C. 平齐　　D. 无法判断

5. __________是车身前部的主要吸能构件。
   A. 前纵梁　　B. 门槛板　　C. 天窗　　D. 翼子板

6. 门槛板是车身________的主要结构件，事故后变形影响着车身的密封和安全等性能。
   A. 前部　　B. 中部　　C. 后部　　D. 顶部

三、判断题（对的打“√”，错的打“×”）

1. 门板出现划擦等情况，有明显划痕或凹瘪，影响汽车的美观和使用，需进行抛光或维修处理。（ ）

2. 三厢式轿车的行李箱与乘客室分开，而两厢式轿车的行李箱与乘客室为一体。（ ）

3. 认知损伤类型时，要尽可能多地了解和记录事故发生时的详细情况，结合事故车实际情况和维修经验，准确分析车辆损坏情况。（ ）

4. 一般情况下，汽车车身覆盖件出现撕裂或折皱均需换件，否则难以恢复其原始性能。（ ）

5. 当汽车发生追尾后，车身的车顶板横梁、纵梁发生变形，顶板塌陷，严重时会使整体车身变形。（ ）

6. 车辆的损坏与车身质量无关，与碰撞力有关，碰撞力越大，损伤就越大。（ ）

四、简答题

1. 汽车碰撞事故有哪些常见碰撞类型？

2. 简述两车追尾碰撞可能会引起的两车损坏部位和损伤程度。

3. 碰撞力不同可引起车身的哪些不同损伤类型？

课题二　车身损伤分析

一、填空题（将正确答案填写在横线上）

1．汽车________车身和________车身要设计得在某种程度上容易损坏，而__________车身要保证设计得结实牢固。

2．确定损伤范围时，应先找到________________，可通过____________及__________来判定。

3．车身设计中特别设计了一些应力__________，这些部位在碰撞冲击力的作用下，会按预先设定的方式__________，吸收__________，保持__________，保护______________。

4．吸能区在__________________作用下按预先设定的方式进行____________，保持乘客舱的形状不变，并吸收________________。也就是说，正面碰撞产生的冲击力将由车身的_______________________吸收，后面碰撞产生的冲击力将由车身的____________吸收，而侧面碰撞产生的冲击力将由撞击区的__________、__________、__________和____________共同吸收。

5．在确定损伤范围时，应考虑__________的部件和__________需要修复或更换的其他部件等问题。

6．直接损伤是由碰撞物体与车身钢板受损部位__________而造成的，它通常以______________、__________或__________的形式出现。

7．间接损伤是由直接损伤间接引起的，主要有__________、__________等形式。

8．__________是外力使变形达到__________的上限时，金属产生的一种__________、__________和__________下降的现象。

二、选择题（将代表正确答案的字母填写在横线上）

1．为保护车内乘员的安全，在车身上设计了一些________。

A．碰撞区　B．吸能区　C．压缩区　D．弹性区

2．________是指当钢板受到外力发生变形，当约束力消除后，钢板能够恢复到原来的形状。

A．弹性变形　B．塑性变形　C．塑形　D．韧性

3．应力集中区域在碰撞冲击力的作用下会吸收________，最大限度地保护车内乘员的安全。

A．撞击　B．弹性变形　C．塑性变形　D．冲击能量

4．________会加重加工硬化的程度，本身又是塑性变形，所以这些部位是首先需要修整的。

A．直接损伤部位　B．间接损伤部位　C．折损部位　D．吸振部位

三、判断题（对的打“√”，错的打“×”）

1．车身的整体变形主要依靠目测判断车身的整体变形量。　（　　）

2．发动机罩内板上的拱起结构、前纵梁的凸出结构，具备独特的能量吸收分散功能，增加了安全隐患。 （ ）

3．改善车身钢板材料，将强度高的钢板应用于车身内外板，从而提高车身的抗撞击性。 （ ）

4．汽车的中部车身被设计成易溃缩变形的吸能结构，最大程度地保证了驾驶室内乘员的安全。 （ ）

四、简答题

1．如何确定车身的损伤范围？

2．什么叫加工硬化？如何修复？

3．车身结构整体变形主要有哪些形式？有哪些分析要点？

课题三 车身损伤检验

一、填空题（将正确答案填写在横线上）

1．汽车碰撞较为严重时，碰撞所引起的车身损伤往往不仅仅是车身构件的________，同时还会造成车身结构的________。

2．车身的整体变形主要有__________、___________、___________、___________和___________等形式。

3．左右弯曲是车身前部、中部或后部受到__________所引起的推压________的变形状态。___________侧车身的车门间隙扩大，___________侧车身的车门间隙变狭窄。同时，发动机舱盖及后备箱盖也因变形而不能正常开关。

4．___________一般是由于车身正面或后面撞击所引起的，如前后覆轮盖、发动机舱盖、后备箱盖等，会产生___________或__________，车轮室的上部会被___________。

5．__________是车身单边在前、后方向上受到碰撞，而使得车身变成______________的状态。

6．车身检验一般从___________和___________角度，对汽车车身的______________、__________、__________等进行检验，以达到出厂的要求和性能。

二、选择题（将代表正确答案的字母填写在横线上）

1．挤压变形的车身整体尺寸会________。

A．不变　　B．伸长　　C．缩短　　D．不定

2．扭曲变形是车身的一角较正常位置________。

A．不变　　B．略高　　C．略低　　D．略高或略低

3．车身轮廓线条必须平直流畅，误差为________，左右两侧对称。

A．±1 mm　　B．±2 mm　　C．±3 mm　　D．±5 mm

4．挤压与上下弯曲经常同时出现，一般先测定车身是否有________。

A．上下弯曲　　B．挤压　　C．无所谓　　D．其他变形

5．如车身损坏的扭曲和弯曲变形同时存在时，一般先恢复________。

A．扭曲变形　　B．弯曲变形　　C．无所谓　　D．其他变形

6．一般车身损坏最后检查是否有________。

A．扭曲变形　　B．弯曲变形　　C．挤压　　D．菱形变形

三、判断题（对的打“√”，错的打“×”）

1．只有在车身角部受到剧烈的冲击力时才会发生上下弯曲变形。（　　）

2．左右弯曲变形是由横向冲击力造成的，车身的一侧呈压缩状，另一侧车身则为拉伸状态。（　　）

3．大修作业的原则是用最有效工序，使金属变形最小，使修理部位达到标准要求的95%以上，修理部位不得有渗水现象或行车发响。（　　）

4．小修作业如涉及大修作业的部分内容，以所涉及大修作业内容的检验标准为准。（　　）

5．大修作业的性能要求是各活动部件铰接锁扣必须紧固，可靠灵活，操作无异响，道路行车实验时保证无异响。（　　）

6．行李箱盖在大修作业时应检查铰链是否松旷、开关是否自如、锁紧机构是否正常。（　　）

四、简答题

1. 事故车身检验主要从哪几方面着手?

2. 画图说明车身检验流程。

单元二　车身测量

课题一　传统式测量

一、填空题（将正确答案填写在横线上）

1．为保证汽车使用性能良好，________的安装位置必须正确。

2．测量点和测量误差要通过对________的检查来确定。

3．车门与翼子板、中柱等部件的间隙不能超过________。

4．基准通常都在车身________，前基准一般在________与________交界处，后基准一般在________与________的交界处，________是最硬的、不易撞伤的部位。

5．车身数据图样主要有________、________和________的三维数据。

6．行李箱地板的________往往是由于________的弯曲造成的，因而车身后段的测量应与________的测量结合进行，这样才能有效地进行校正。

二、选择题（将代表正确答案的字母填写在横线上）

1．为保证汽车使用性能良好，在修理后要求车身尺寸配合误差不能超过________。

A．1 mm　　B．2 mm　　C．3 mm　　D．5 mm

2．因为________精度差、端部易磨损、无法放在零件直径的正确位置，因此应用较少。

A．钢板尺　　B．钢卷尺　　C．杆规　　D．中心量规

3．用________测量的最好部位就是悬架和机械部件的固定点。

A．钢板尺　　B．钢卷尺　　C．杆规　　D．中心量规

4．________多用于测量点对点之间的距离。

A．轨道式量规　　B．中心量规

C．麦弗逊撑杆式中心量规　　D．钢板尺

5．________用来检验部件之间是否发生错位。

A．轨道式量规　　B．中心量规

C．麦弗逊撑杆式中心量规　　D．钢板尺

6．________可以测量减振器支座是否发生错位。

A．轨道式量规　　B．中心量规

C．麦弗逊撑杆式中心量规　　D．钢板尺

三、判断题（对的打“√”，错的打“×”）

1．车身损伤后就会严重影响到悬架结构的安装基础。汽车车身上转向系和悬架构件一

旦变形都会使转向器或悬架工作性能失常，例如减振性能恶化、转向操作失灵、传动系振动或异响。 (　　)

2. 一般引起车门轻微下垂的前端碰撞，其损伤会传递到后部。 (　　)

3. 碰撞较严重时，必须进行大量的测量以保证适当的维修工艺顺序。 (　　)

4. 传统测量可以直接获得定向位置上点与点的距离，是最简单、实用的一种测量方法。 (　　)

5. 用钢卷尺测量孔的中心距时，可从孔的边缘起测量，以便于读数，但应注意两孔径的大小。 (　　)

6. 最常用的杆规是自定心量规，自定心量规的结构同轨道式量规很相似，但它不是用来测量的。 (　　)

7. 当两孔的直径不同时，测量两孔中心距离或同侧边缘距离。 (　　)

8. 按车身标准数据测量损伤车辆所有点，损伤的程度通常用标准数据减去实际测量数据来表示。 (　　)

四、简答题

1. 车身修理人员使用测量系统有哪些注意事项？

2. 如何使用轨道式量规对车身进行测量？有哪些注意事项？

3. 简述发动机舱的传统测量方法和步骤。

课题二　专用式测量

一、填空题（将正确答案填写在横线上）

1. 专用测量工具是根据车身上主要测量点的＿＿＿＿＿＿＿＿＿＿，制作出一套包含主要测量点的＿＿＿＿＿。

2. 专用测量系统如＿＿＿＿＿＿＿和＿＿＿＿＿＿＿＿，在现代车身修理中广泛应用。

3. 以＿＿＿＿＿＿＿＿＿＿为例，测量系统主要由底部的＿＿＿、横尺、＿＿＿＿、门尺、上横尺，以及辅助测量头和安装各种用途标尺的＿＿＿＿组成。

4. 专用测量系统的测量精度达到＿＿＿＿＿＿才能作为一个合格的车身测量工具。

二、选择题（将代表正确答案的字母填写在横线上）

1. 专用测量系统可保证在对零件进行＿＿＿＿之前的定位。

A. 打磨　　B. 切割　　C. 粘接　　D. 焊接

2. 如果车辆上的＿＿＿＿与标准数据图上的位置不同，则车辆上的基准点可能发生了变形。

A. 基准点　　B. 车身前部　　C. 车身中部　　D. 车身后部

3. 如果测量头不在正确的＿＿＿＿位置，则车辆尺寸是不正确的。

A. 基准点　　B. 车身前部　　C. 车身中部　　D. 车身后部

4. 测量读数时，眼睛与读数部位要平行，＿＿＿＿读数误差。

A. 增加　　B. 减少　　C. 消除　　D. 最大化

三、判断题（对的打“√”，错的打“×”）

1. 专用测量系统不仅能够同时测量所有基准点，而且又能使一部分测量更容易、更精准。（　　）

2. 不在正确位置的基准点必须恢复到事故前的标准值，然后才能对其他点进行测量。（　　）

3. 量具应快拿快放，切勿碰撞，以防量具变形、损坏。（　　）

4. 根据车身图样查看情况及对测量头、测筒等进行选择组装，并将测量部件安装到位，调整长梯，读取前、后基准的长、宽、高数据，与标准数据对照。（　　）

四、简答题

1. 简述专用测量系统的测量原理。

2. 专用测量系统有哪些功用?

3. 米桥式测量系统进行车身测量的流程是什么?

课题三　电子式测量

一、填空题（将正确答案填写在横线上）

1. 在测量系统的计算机数据库中，存储了大量________、______和______的车身数据。

2. 系统自动将实际__________和__________进行比较，无须人工查阅相关维修手册或车型数据，提高了工作效率。

3. 电子式测量系统主要分为____________________、____________________和______________________三类。

4. ________________使用自由臂进行测量，测量自由臂由一节可以转动的关节连接，每两个臂之间可以在一个平面内______________转动。

5. ______________由超声波发生器、超声波接收器、控制柜（包括计算机，也称主机）及各种______________等组成。

6. 计算机根据需要能自动地把测量的__________、__________和______________显示出来。

二、选择题（将代表正确答案的字母填写在横线上）

1. ________，它的测量工具是一个类似轨道式量规的测尺，在量规上安装了位移传感器。

A. 半机械半电子测量系统　　B. 半自动电子测量系统

C. 全自动电子测量系统　　D. 定位式电子测量系统

2. ________提供直接且瞬时的尺寸读数。

A. 激光测量系统　　B. 超声波测量系统

C. 半机械半电子测量系统　　D. 半自动电子测量系统

3. ________包括反射靶、一个激光发射接收器和一台计算机。

A. 激光测量系统　　B. 超声波测量系统

C. 半机械半电子测量系统　　D. 半自动电子测量系统

4. 每个传感器测量相应点的________坐标，并转换到基准坐标体系中，实时给出车身测量点的测量结果。

A. 一维　　B. 二维　　C. 三维　　D. 空间

三、判断题（对的打“√”，错的打“×”）

1. 目前应用最广泛的电子式车身测量系统是超声波测量系统，它的测量精度可以小于±3 mm。（　　）

2. 可以选择持续测量实时监控模式，系统会自动每隔很短时间发射一次超声波进行测量，并把最新的测量结果在显示器上实时刷新。（　　）

3. 超声波测量系统在测量过程中，测量不会相互干扰，系统每隔 10 s 会自动重新测量一次，把环境对它的影响减小到最小。（　　）

4. 超声波测量系统在操作中不用调节水平，计算机自动找正，而且不会因为发射器、接收器的位置移动而改变数据。（　　）

四、简答题

1. 简述电子式测量系统的工作原理。

2. 简述激光测量系统的工作原理及组成。

3. 简述超声波电子测量系统的测量流程。

单元三　车身校正

课题一　车身整形的安全防护

一、填空题（将正确答案填写在横线上）

1．在车身整形工作区域要完成____________、____________、____________、____________、____________、____________等工作。

2．维修车间需有____________，____________安全可靠，____________符合要求，____________安全到位。

3．在作业区内从事钣金作业，如__________、__________、__________操作时，都会排出__________、__________或__________。

4．车身整形使用的工具和设备有____________、____________和____________三类。

5．呼吸系统的防护主要使用____________、____________、____________、____________呼吸器。

6．耳罩主要用于防止____________对____________产生伤害。

7．在进行车身维修作业中，经常会跪在地上进行操作，因此最好佩戴____________，以保护____________，防止____________。

二、选择题（将代表正确答案的字母填写在横线上）

1．车身校正工位的长度一般为________。

A．3~5 m　　B．5~8 m　　C．8~10 m　　D．10~15 m

2．一般车间要有一个压缩空气房，各个工位要有压缩空气接口，管路要沿墙壁布置，布置高度不超过________。

A．0.5 m　　B．1 m　　C．2 m　　D．3 m

3．大功率的电阻点焊焊接电流不小于________。

A．5 A　　B．10 A　　C．20 A　　D．30 A

4．佩戴________可防止撞击、切割、擦伤，防止机油等化学品损伤手部。

A．手套　　B．面罩　　C．头盔　　D．护膝

5．车间内的电气设备不要随便乱动，发生故障应立即________。

A．通知电工检修　　B．继续使用

C．休息片刻继续使用　　D．更换

6．用________吹洗车门侧壁和其他人手难以达到的地方时，应戴上护目镜和防尘面具。

A．嘴　　B．压缩空气枪　　C．水　　D．高压枪

7．______用压缩空气吹身上的灰尘。

A．尽量　　B．要　　C．不要　　D．可适当

8．汽车维修企业在车间一般设有明显的________标志。

A．安全警示　　B．安全提示　　C．安全警告　　D．区域功能

三、判断题（对的打"√"，错的打"×"）

1．维修期间应确保车辆的安全，不要让无驾驶证的人驾驶车辆在车间随意移动。（　　）

2．车间应配备少量的多用途的灭火器，摆放在车间的固定位置，定期检查更换，保证性能完好，以备用。（　　）

3．在内饰件附近切割或焊接时，要注意防止内饰件被点着。适当地用湿布遮盖，同时要在旁边准备一桶水和一个灭火器。（　　）

4．车身维修作业前，点火开关应置于关闭位置，同时拉起驻车制动器。（　　）

5．在进行焊接、打磨工作时要避免周围有易燃物品。（　　）

6．在进行车身维修作业时，仅需加强对人体上身、呼吸、头部、手部位置的防护。（　　）

7．在车身维修车间应穿着合格的连体工作服，不能穿宽松的衣服和没系袖口扣子的衬衫，且不能佩戴饰物。（　　）

8．防护眼镜能在锤击、钻孔、磨削和切削等操作时，防止尘埃、飞屑、化学品飞溅及烟雾等损伤面部或眼睛。（　　）

四、简答题

1．在车身维修操作过程中经常产生明火，应注意哪些事项？

2. 车身维修中要做哪些身体防护？

3. 车身维修人员在进行车身维修操作时要遵守哪些准则？

课题二　车身校正设备认知

一、填空题（将正确答案填写在横线上）

1. 车身大梁校正设备均具有______________及____________，能进行____________和__________的校正拉拔工作，能够进行精确的测量。

2. 汽车由于受到______、______、______等，引起车身和车架______，通过校正设备将其______，而恢复其原始______、______和______。

3. 用于车身校正的设备有多种形式，主要有____________、______________、_______________和______________四种。

4. 使用____________________是将事故车辆移动到平台上，通过对车身进行______、____________、________、________等操作，恢复其______、______等要求。

5. ____________的大梁校正仪是通过定位夹具来______、______、______车身底盘部位重要的点，而且还可以直接进行______、______和______。

6. 带定位夹具式大梁校正仪主要由____________、______________、____________、________________、________________和附件等组成。

7. 在修理过程中，根据修复部位的________、________和________，选择车身校正仪附件里的夹紧夹具、拉伸夹具、拉钩、尼龙绳、链条等进行组合。

8．在车身纵梁、横梁等部位进行__________时，需选择合适的____________，夹紧所__________部位，进行拉伸修复。

二、选择题（将代表正确答案的字母填写在横线上）

1．维修前，需将车身固定在车身校正仪上，选择________将车辆紧固，车辆和平台成为一个刚性的整体，车辆在拉伸操作时不能移动。

A．塔柱　　B．主夹具　　C．副夹具　　D．附件

2．为满足不同车身下部固定位置的需要，主夹具有多种结构，________可以夹持比较宽的裙边部位，防止拉伸中损坏夹持部位；________的钳口开口很宽，能够夹持车架。

A．单夹头夹具　　B．双夹头夹具　　C．普通夹具　　D．大力钳

3．移动校正设备相对固定式设备的优点是可随时随工作要求而________。

A．移动　　B．固定　　C．约束　　D．连接

4．使用移动式设备进行校正工作时，将设备推入受损车辆的侧方，而车辆的车架或底盘上的车梁、门框等部位往往作为拉出或推出作业时施力的______。

A．参照　　B．平台　　C．目标　　D．支点

5．铁锤用力敲打凹陷处与用液压千斤顶将凹陷顶出相比，所得形状______。

A．难以判别　　B．折皱不平

C．和原来差不多　　D．和原来完全一样

三、判断题（对的打"√"，错的打"×"）

1．事故车辆减振器受损，需采用减振器拉伸座进行修复。（　　）

2．导向轮主要用于改变力的方向，对事故车辆多方位进行拉伸修复。（　　）

3．在车身修复过程中，遇到有些部位不能刚性受力、减振器受损伤或底盘受到损伤时，还经常使用尼龙带、钢丝绳、链条、减振器拉伸座、导向轮等附件，安全、可靠地使车身恢复原始的尺寸和性能。（　　）

4．车身分离式千斤顶使用于将弯曲金属拉伸校直的修复作业，是一种能够以一定压力做拉的动作的修整工具。（　　）

四、简答题

1．简述车身校正仪操作的注意事项。

2. 整个拉伸程序中应该预先安排哪些工作？

3. 简述利用平台式大梁校正仪修复车身前部损伤的操作流程。

课题三　车门门板的修复

一、填空题（将正确答案填写在横线上）

1. 车身门板的损伤主要是各种碰撞变形、__________、锈蚀、__________等，修复的基本工艺就是通过__________或____________来恢复板件表面的__________和__________。

2. 在进行板件的整形操作时，要熟悉板件的________和________，选用合理的修复工艺。

3. 车门大都是用薄钢板预制的________包裹起来的。

4. 当车门受到碰撞或挤压，将会造成永久性的__________。对于局部损坏车身的修复，如门板修复，多采用__________、释放隆起处的______________应力、收缩被延伸的金属以及对收缩区进行拉伸的方法，使凹陷的金属恢复原来的形状，即损坏部位经过__________、__________等恢复相关性能要求。

5. 敲平法修复主要依托________和________的配合，使门板表面的形状恢复，可分为________和________。

6. 当局部凹陷变形时，需通过________与________的配合使用，垫底打高，完成车身表面的变形修复。

7. 整形机修复主要依托__________和__________的配合，通过拉陷修复、__________、__________，使门板表面的形状和性能恢复。

8. 整形机主要由________、________、控制插座、碳棒焊/点焊选择开关、工作指示灯等组成。

二、选择题（将代表正确答案的字母填写在横线上）

1. 板件变形后，在弯曲部位强度会________。
   A. 增强　　B. 不变　　C. 下降　　D. 提高
2. 整形修复机是通过________把垫圈焊接在钢板上的。
   A. 电弧加热　　B. 电阻热　　C. 火焰加热　　D. 收火
3. 在使用垫铁、钣金锤和外形修复机都可以修理的情况下，使用________省时省力。
   A. 垫铁、钣金锤　　B. 外形修复机
   C. 两种工具都可以　　D. 两种工具都不可以
4. 拱起的损伤，应该________进行修理。
   A. 先从最低点　　B. 先从最高点　　C. 先从中间　　D. 先从两边

三、判断题（对的打“√”，错的打“×”）

1. 在车身修理时，大部分工作都是在修理直接损伤。（　　）
2. 金属板弯曲和加工过的部位都会产生加工硬化。（　　）
3. 直接损坏通常以断裂、擦伤或划痕的形式出现。（　　）
4. 在所有的凹陷部位向上敲打，并将所有的拱形部位向下敲打，最终能使金属变平。（　　）
5. 拉伸区的修理可以用锤子敲打，对压缩区的修理可以用垫铁敲打。（　　）

四、简答题

1. 简述车门门板修复的流程。

2. 用整形机修复车门门板有哪些注意事项？遵循的原则是什么？

3. 手工整修与整形机修复的区别是什么？

课题四　车身后翼子板的切割与焊修

一、填空题（将正确答案填写在横线上）

1. 等离子切割是________的过程，利用等离子弧的________将割缝处金属融化，并用高速焰流将其吹走，随着割嘴的移动从而形成狭窄缝隙把材料________。

2. 等离子弧是一种压缩电弧，由于弧柱断面被压缩得很小，因而________，________高，________快。

3. 等离子弧柱的________，远远超过所有金属和非金属的__________。因此等离子弧切割过程不是依靠氧化反应，而是靠熔化来切割材料。

4. 等离子切割设备主要由________、__________、__________等组成。

5. 用于切割汽车车身零部件的割炬是小型的、便于操作的，两个关键部分分别是__________和__________。

6. 电阻点焊是通过__________、__________的电流流过夹紧在一起的两块金属板时产生的大量电阻热，用焊枪（焊炬）电极的__________把它们熔合在一起的。

7. 电阻点焊机由__________、__________和__________________________________组成。

二、选择题（将代表正确答案的字母填写在横线上）

1. 等离子切割所采用压缩空气的压力一般应为__________，气压过高或过低都将降低切割的质量、损坏电极或喷嘴，并降低切割机的切割能力。

A. 0.1～0.2 MPa　　B. 0.2～0.3 MPa
C. 0.3～0.5 MPa　　D. 0.5～0.8 MPa

2. 使用等离子切割机时，搭铁夹地连接处应尽量__________切割部位。

A. 远离　　B. 靠近　　C. 脱离　　D. 保持距离

3. 等离子切割的速度由金属的__________决定。

A. 电流　　B. 电压　　C. 材料　　D. 厚度

4. 当切割厚度在 3 mm 以上时，最好使等离子割炬与母材成__________角。

A. 90°　　B. 60°　　C. 45°　　D. 30°

5. 如果在切割较厚的材料时，等离子割炬与工件保持________，火花将被射回到气体喷射器中。

A. 倾斜　　B. 平行　　C. 交叉　　D. 垂直

6. 完成一次切割，在开始下一次切割以前，应________等离子割炬开关，让空气连续几秒流过割炬，以防止喷嘴和电极过热。

A. 打开　　B. 关闭　　C. 半开　　D. 不确定

三、判断题（对的打“√”，错的打“×”）

1. 等离子弧切割过程是依靠氧化反应来切割金属的。（　）
2. 等离子切割机也与其他焊接设备一样，采用低电压、高电流的工作方式。（　）
3. 用等离子切割机进行切割时，不需要搭铁。（　）
4. 等离子切割的火花会烧伤油漆层，但不会烧伤玻璃。（　）
5. 等离子割炬可以很快地除去焊点，但不能保证下层板材的完整。（　）
6. 等离子切割机是用等离子弧来切割金属的。（　）
7. 等离子切割过程靠熔化来切割材料。（　）

四、简答题

1. 怎样等离子切割后翼子板？

2. 后翼子板的定位、切割、打磨、焊接有哪些操作技巧？

3. 简述后翼子板装配的操作步骤和操作方法。

课题五　前纵梁的更换

一、填空题（将正确答案填写在横线上）

1. 当汽车发生严重的前部碰撞时，车身前纵梁会发生严重变形，如________________、____________等，在维修时无法恢复其性能，必须进行__________。

2. 前纵梁属于箱型结构，截面为____________形式，______________较大，材料一般为__________。

3. 当前纵梁变形较严重时，在维修时都做___________________处理，千万不能随意进行__________，也不能在溃缩区进行__________和__________。

4. 车身左侧受到严重碰撞，________、水箱架、__________、前挡泥板等都发生变形。

5. 为了保证良好的__________，如有必要可在车身上原结构件伸出端的拐角处仔细做出“__________”。

6. 将轮罩延长板与纵梁延长板接合处的焊点去除，具体方法是先把固定散热器支座和轮罩延长板的焊点__________，然后小心地将轮罩延长板__________，便露出轮罩延长板连接纵梁的__________，然后切除。

7. 在悬架支座中心的前方，内部没有加强件的地方切割前纵梁，具体位置可以参考车身维修手册，在发动机一侧的切割位置是距前围约____________处，轮罩侧的切割位置应取在发动机侧切口的后方__________处。注意切割长度要比更换长度多__________的搭接量。

二、选择题（将代表正确答案的字母填写在横线上）

1. 两个前纵梁都发生了变形，应该______。

   A. 不拆散热器支架，先校正严重损伤的纵梁

   B. 不拆散热器支架，先校正轻微损伤的纵梁

   C. 拆开散热器支架，分开校正

   D. 拆开散热器支架，一起校正

2. 校正前端严重碰撞的汽车时，要先校正______。

A. 散热器支架　　B. 车身中部　　C. 前纵梁　　D. 车身后部

3. 切割更换后，______可以采用搭接的方式进行焊接。

A. 行李舱地板　　B. 前纵梁　　C. 门槛板　　D. 风窗立柱

4. 校正仪的斜拉臂可以向上拉伸______。

A. 前纵梁　　B. 后纵梁

C. 车顶板或风窗立柱　　D. 以上选项都可以

三、判断题（对的打“√”，错的打“×”）

1. 前纵梁在三个方向都有变形，要先修复高度方向上的变形。（　　）

2. 前立柱向后发生变形时，同时拉伸前纵梁和挡泥板可以有效恢复变形。（　　）

3. 前纵梁是车身前部的主要吸能构件，有特意设计的溃缩区。（　　）

4. 切割位置开口的长度不能超过6 mm，保证安装后开口的露出部分能完全焊严。（　　）

5. 安装时新结构件必须搭在原来的结构件之上，使对接更加稳定可靠，还可以不用内插件，也使防蚀材料的涂敷更为省时有效。（　　）

四、简答题

1. 前纵梁有哪些结构特点？

2. 前纵梁有哪些维修特点？

3．简述前纵梁更换的工艺过程。

课题六　塑料板件的维修

一、填空题（将正确答案填写在横线上）

1．塑料在汽车中的应用范围正在由以________为主转向__________和__________、由__________为主转向__________、复合材料或塑料合金等。

2．塑料汽车内装饰件主要有____________、____________、____________、杂物箱盖、____________、后护板等，仪表板是主要的汽车内装饰件之一，而塑料汽车外装饰件主要有__________、__________、车轮罩、导流板等。

3．塑料是以__________为基体，并加入某些添加剂制成的__________。它在一定__________、一定__________下可以塑造成各种形状的部件。

4．塑料主要含有__________、__________等。

5．工程上常用的合成树脂有__________、__________、__________、有机硅树脂和聚氯乙烯、聚苯乙烯等。

6．加入添加剂是为了改善塑料的性能，主要包括填料、__________、______________、__________和__________等。

7．在汽车上应用的塑料主要分为______________塑料和______________塑料两大类。

8．热固性塑料在__________、使用__________或紫外线照射下会发生化学反应，固化后形成永久的形状，不能通过反复加热和使用催化剂进行改变。热固性塑料__________好，但__________较差，不能焊接，可用__________粘接。

二、选择题（将代表正确答案的字母填写在横线上）

1．热塑性塑料件的损坏一般用________的方式来进行修理。

A．焊接　　B．粘接　　C．铆接

2．________塑料在燃烧时会有熔滴产生。

A．热固性　　B．热塑性　　C．热固性和热塑性

3. ________塑料的弹性好。

A. 热塑性　　B. 热固性　　C. 热固性和热塑性

4. 用粘接剂修复塑料件时，固化时间是________。

A. 3 ~ 12 h　　B. 5 ~ 24 h　　C. 根据使用的粘接剂的种类而定

5. 对塑料件进行预处理打磨时，要使用________的砂轮片。

A. 细粒度　　B. 中粒度　　C. 粗粒度

6. 热空气塑料焊枪所产生热风的温度一般要求达到________。

A. 150 ~ 250℃　　B. 230 ~ 345℃　　C. 300 ~ 400℃

三、判断题（对的打“√”，错的打“×”）

1. 汽车结构中常见的塑料件材料有热塑性塑料和热固性塑料。（　　）
2. 一般塑料件的修理时间比钢板的修理时间要短。（　　）
3. 热塑性塑料可以通过加热反复软化和变形，而其化学成分不会发生变化。（　　）
4. 热固性塑料件的损坏不能用焊接方式来修理，一般用粘接的方式来进行修理。（　　）
5. 所有损坏的塑料件都可以维修后再继续使用。（　　）
6. 不同的塑料件有不同的修理方法，因此在对塑料件进行修理前，首先要清楚它是什么类型的塑料。（　　）
7. 目前识别塑料件类型主要采用编号识别和测试识别两种方法。（　　）

四、简答题

1. 塑料有哪些特性？

2. 简述塑料件鉴别方法。

3. 如何进行车用塑料件的维修？

课题七　车身铝件的焊修

一、填空题（将正确答案填写在横线上）

1. 铝金属，由于其__________、__________、__________、弹性好和__________________________、抗冲击性能优、加工成形性好和再生性高等特点，已被广泛应用于汽车上的车架和各种板件，例如车门板、__________、发动机罩等。

2. 铝比钢软得多，当受到__________以后，更难以__________。它的__________也较低，加热时容易变形。铝制的车身及车架构件的厚度通常是钢件的______倍。

3. 敲击时，如果锤击太重或次数太多都会____________铝板，所以这时应该多次________，而不能只是重敲一两次；收缩锤不可用于铝板，以免使铝板________。

4. 由于铝很柔软，应________手施加在车身锉上的压力。应使用________边缘的车身锉，以免擦伤金属。

5. 在铝板上打磨时，要防止高速砂轮机上粗糙的砂轮__________柔软的铝，还要注意打磨过程中产生的热量会使铝板________。

6. 铝板外形修复机和钢板外形修复机的结构不一样，铝板外形修复机内部没有线圈________，里面有十几个______________，通过________来焊接。

二、选择题（将代表正确答案的字母填写在横线上）

1. 钢板和铝板应使用__________的工具来修整。

A. 类似　　B. 相近　　C. 相同　　D. 不同

2. 对铝板进行热收缩时，要________。

A. 等红色消失后再冷却收缩

B. 使用热敏材料控制温度

C. 加热到400℃左右时再用湿抹布冷却

3. 校正铝板时，一般建议采用________。

A. 铁锤在垫铁上的敲击法

B．铁锤不在垫铁上的敲击法

C．垫铁不在铁锤上的敲击法

4．对铝板进行外形修复时，可以使用________。

A．铁锤　　B．橡胶锤　　C．收缩锤　　D．精修锤

三、判断题（对的打“√”，错的打“×”）

1．校正铝板时，必须利用加热的方法来恢复加工硬化时降低的可塑性。（　　）

2．校正铝板时，当校正力施加到铝板上时，会引起开裂。（　　）

3．铝板收缩处理的程序和钢板收缩处理的程序类似。（　　）

4．用于修理钢板的收缩锤不可用于铝板，以免使铝板开裂。（　　）

5．修复铝板时可以使用铁锤和修平刀进行弹性敲击来释放高拱起处的应力。（　　）

6．由于铝很柔软，使用车身锉时应减轻手上施加的压力。（　　）

四、简答题

1．简述铝质车身与传统钢质车身修复的区别。

2．如何进行铝板件的修复？有哪些注意事项？

3．简述铝板件修复的条件。

课题八　车身整体变形损伤的校正

一、填空题（将正确答案填写在横线上）

1．在维修之前，需充分了解事故车辆的______________，以更好地______________、__________、__________，为提高维修质量做好准备。

2．目测确定__________、__________和估算碰撞力的____________。

3．整体式车辆在设计上能够很好地吸收__________。碰撞时，撞击处车身发生一定的扁折__________，来吸收一部分__________。当碰撞力向结构传播时，它会被车身上更多的________吸收，直到碰撞力全部消失。

4．碰撞力大小取决于____________、______________、____________以及撞击面积的大小。

5．后部损坏，如果碰撞较轻，____________、____________、后车身板和地板等会发生变形，车轮上方的后侧围板也会鼓起。如果碰撞较重，后侧围板会上折到车顶，四门车辆的车身中支柱会__________，碰撞会使车身上部部件和____________发生变形。

6．汽车侧面碰撞损伤，会造成________、前部侧板、车身__________，甚至地板均发生不同程度的变形。如果前翼子板中部受到撞击，前轮将会后缩。碰撞力将通过前悬架所在的__________，传递给两侧__________。

二、选择题（将代表正确答案的字母填写在横线上）

1．车身校正的重点是________。

A．精确地恢复车身的尺寸与状态

B．精确地恢复车身的尺寸

C．精确地恢复车身的状态

2．对于整体式车身而言，车身______是车身修复过程中的一个关键因素。

A．尺寸的精确度　　B．尺寸的数值大小　　C．尺寸的合理性

3．在使用钣金工具拉伸时，下面________是错误的。

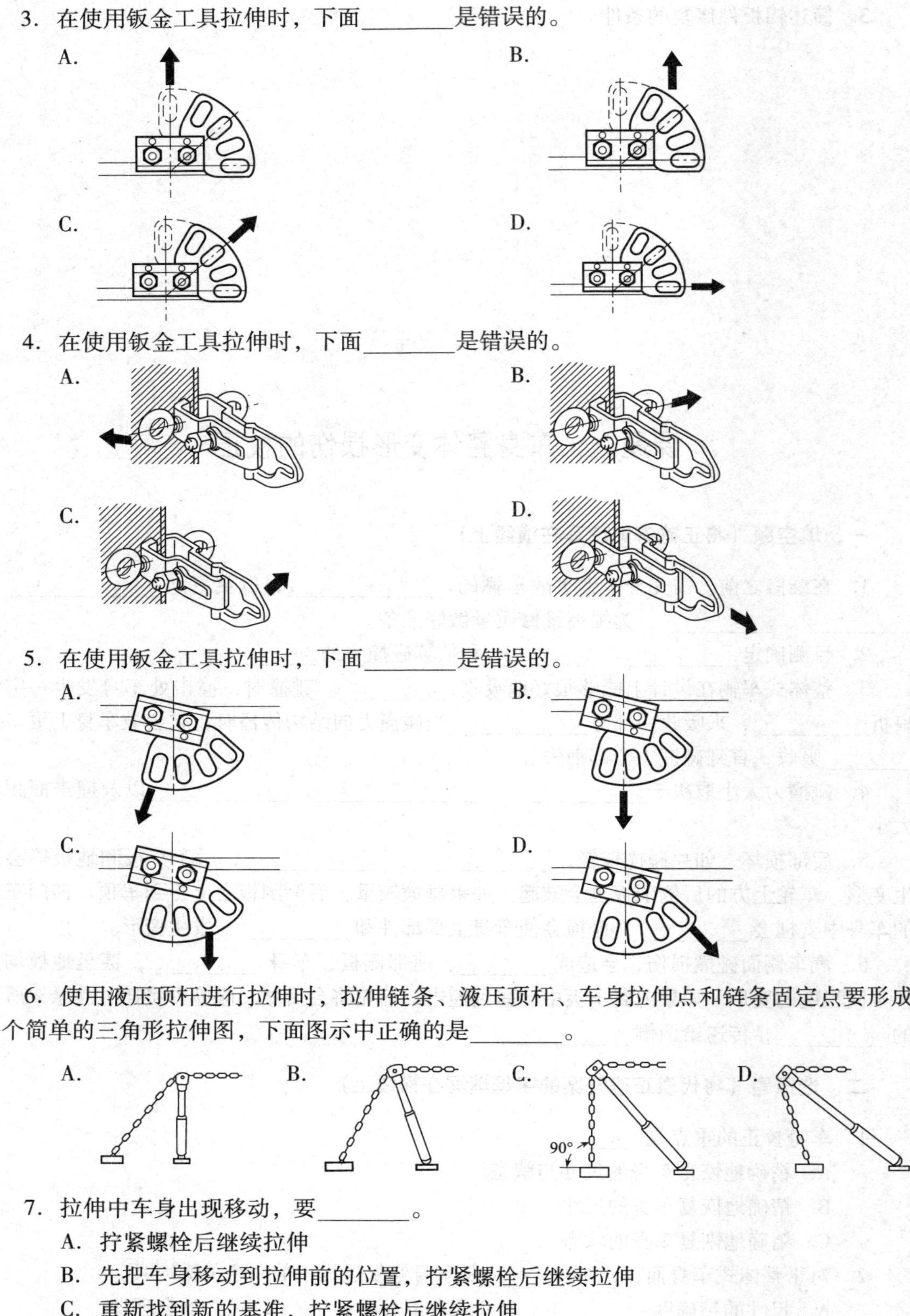

A.　　B.

C.　　D.

4．在使用钣金工具拉伸时，下面________是错误的。

A.　　B.

C.　　D.

5．在使用钣金工具拉伸时，下面________是错误的。

A.　　B.

C.　　D.

6．使用液压顶杆进行拉伸时，拉伸链条、液压顶杆、车身拉伸点和链条固定点要形成一个简单的三角形拉伸图，下面图示中正确的是________。

A.　　B.　　C.　　D.

7．拉伸中车身出现移动，要________。

A．拧紧螺栓后继续拉伸

B．先把车身移动到拉伸前的位置，拧紧螺栓后继续拉伸

C．重新找到新的基准，拧紧螺栓后继续拉伸

8．拉伸中________最重要，它影响校正的成败。

A．不断测量　　B．放松应力　　C．不断调整拉力方向

三、判断题（对的打“√”，错的打“×”）

1．平台式车身校正仪可以在围绕车身的任何角度、任何高度和任何地方，向上或向下进行拉伸。（　　）

2．所有的变形部件都可以校正后再继续使用。（　　）

3．在拉伸校正开始之前，应该拆去车上妨碍校正的部件。（　　）

4．在拉伸前，要仔细研究汽车结构和损伤程度，决定应拆去和保留什么部件。（　　）

5．拉伸时，要保证通过最少量的拉伸校正，来修复损坏部件的变形，并且不会造成进一步的车身结构损伤。（　　）

6．要根据所用设备的说明书，正确地使用车身校正设备。（　　）

7．整个车身在修理时，要按“从外到里”的顺序完成修理过程。（　　）

8．车身前部损坏就先修理前部部件，后部损坏就先修理后部部件。（　　）

四、简答题

1．简述汽车碰撞维修的基本步骤。

2．事故车身整体校正的修复方法有哪些？

3．车身后部严重受损，如何修理？

综合试卷一

一、填空题（将正确答案填写在横线上）

1．汽车碰撞事故是指__________或__________之间发生碰撞，从而造成车辆损坏、被撞物损坏甚至__________等各种损失。

2．正面碰撞前部受损严重时，损坏部位会扩大至__________、__________、__________、__________等部位。

3．追尾严重时会涉及__________及其支架、__________和相关部件，造成__________、__________、__________、__________等。

4．根据碰撞力不同，车身损伤主要可分为__________、__________和__________的损伤等类型。

5．下垂损坏即__________某一段比正常位置低，通常是由__________的正面碰撞引起的。

6．车身的整体变形主要有__________、__________、__________、__________和__________等形式。

7．车身测量常用量规主要有____________________、____________________和____________________等多种。

8．__________和__________要通过对损伤区域的检查来确定。

9．在车身整形工作区域要完成__________________、__________________、__________________、__________________、__________________和__________________等工作。

10．塑料在现代汽车上应用很广，常用于制作各种____________________、____________________、____________________等。

二、选择题（将代表正确答案的字母填写在横线上）

1．碰撞力的方向一般不会与车身的__________方向平行。

A．一维　　B．二维　　C．三维　　D．空间

2．为保护车内乘员的安全，在车身上设计了一些________。

A．碰撞区　　B．吸能区　　C．压缩区　　D．弹性区

3．挤压变形时车身整体尺寸会________。

A．不变　　B．伸长　　C．缩短　　D．不定

4．________包括反射靶、一个激光发射接收器和一台计算机。

A．激光测量系统　　B．超声波测量系统

C．半机械半电子测量系统　　D．半自动电子测量系统

5．维修前，需将车身固定在车身校正仪上，选择________将车辆紧固，车辆和平台成

为一个刚性的整体，车辆在拉伸操作时不能移动。

A. 塔柱　　B. 主夹具　　C. 副夹具　　D. 附件

6. 板件变形后，在弯曲部位强度会________。

A. 增强　　B. 不变　　C. 下降　　D. 提高

7. 两个前纵梁都发生了变形，应该______。

A. 不拆散热器支架，先校正严重损伤的纵梁

B. 不拆散热器支架，先校正轻微损伤的纵梁

C. 拆开散热器支架，分开校正

D. 拆开散热器支架，一起校正

8. 当切割厚度在 3 mm 以上时，最好使等离子割炬与母材成__________角。

A. 90°　　B. 60°　　C. 45°　　D. 30°

9. 用粘接剂修复塑料件时，固化时间是________。

A. 3 ~ 12 h　　B. 5 ~ 24 h　　C. 根据使用的粘接剂的种类而定

10. 在使用钣金工具拉伸时，下面________是错误的。

A.

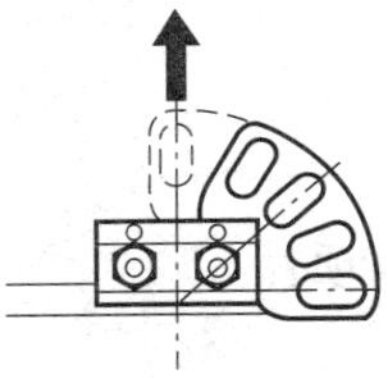

B.

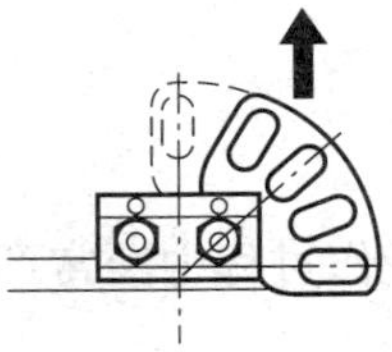

C.

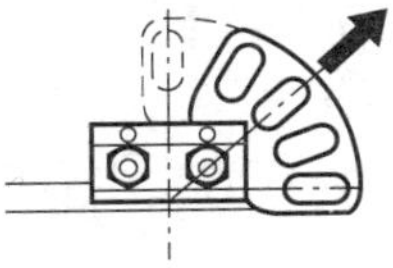

D.

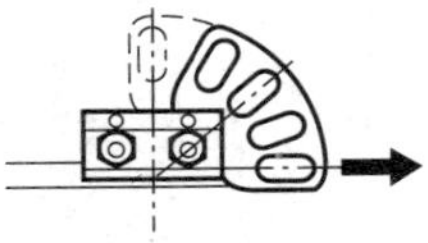

三、判断题（对的打“√”，错的打“×”）

1. 在各种不同的事故中，只有准确地确认损伤部位和严重程度，才能为制定维修方案，恢复其性能、尺寸做参考依据。（　　）

2. 等离子切割的火花会烧伤油漆层，但不会烧伤玻璃。（　　）

3. 在事故中，车辆的直接损坏是由碰撞力引起的。（　　）

4. 歪斜损坏是由侧面碰撞引起的，造成车架或承载车身发生侧向弯曲变形。（　　）

5. 切割位置开口的长度不能超过 6 mm，以保证安装后开口的露出部分能完全焊严。（　　）

6. 前纵梁是车身前部的主要吸能构件，有特意设计的溃缩区。（　　）

7. 传统测量可以直接获得定向位置上点与点的距离，是最简单、实用的一种测量方法。（　　）

8. 直接损坏通常以凹陷、凸起或折痕的形式出现。（　　）

9. 维修车间需有良好的通风，水、电、气的设施安全可靠，消防设施符合要求，维修期间对车辆的管理安全到位。（　　）

10. 车间应配备少量的多用途的灭火器，摆放在车间的固定位置，定期检查更换，保证性能完好，以备用。（　　）

四、简答题

1．简述车身大修作业的精度要求。

2．车身修理人员使用测量系统应该做到哪些方面？

3．在车身维修操作过程中经常产生明火，应注意哪些防火事项？

4．如何进行车用塑料件的维修？

综合试卷二

一、填空题（将正确答案填写在横线上）

1. 按照碰撞方向和事故__________，可将车辆事故分为__________、__________、__________、__________和__________等多种类型。

2. 正面碰撞的一侧受损严重时损坏部位会扩大到________、________及其__________、__________、一侧__________、一侧__________等部位。

3. 车架损坏主要呈现__________、__________、__________、__________和__________五种形式。

4. 车身图样及数据提供车身主要结构件、板件的________，以及机械装置的________。

5. 专用测量系统可自由地对车身__________、__________和__________等部位进行__________三维数据的测量。

6. 空气压缩机的种类很多，按工作原理可分为______________、______________和______________。

7. 车身门板的损伤形式主要是__________、__________、__________、__________等。

8. 塑料汽车内装饰件主要有__________、__________、__________、__________、__________、__________等。

9. 在钣金维修中，通常采用__________、__________、__________切割等方法。

10. 车用塑料件多采用__________、__________或__________进行紧固。

二、选择题（将代表正确答案的字母填写在横线上）

1. 损伤车辆的挤压部分比正常尺寸__________。

   A. 长　　B. 短　　C. 不变　　D. 无法判断

2. 门槛板是车身______的主要结构件，发生事故后变形将影响车身的密封和安全等性能。

   A. 前部　　B. 中部　　C. 后部　　D. 顶部

3. 扭曲变形是车身的一角较正常位置__________。

   A. 不变　　B. 略高　　C. 略低　　D. 略高或略低

4. 因为________精度差、端部易磨损、无法放在零件直径的正确位置，因此应用较少。

   A. 钢直尺　　B. 钢卷尺　　C. 杆规　　D. 中心量规

5. ________提供直接且瞬时的尺寸读数。

   A. 激光测量系统　　B. 超声波测量系统

   C. 半机械半电子测量系统　　D. 半自动电子测量系统

6. 外形修复机的焊接电流要求达到________。

   A. 2 500 A　　B. 3 500 A　　C. 4 500 A　　D. 6 000 A

7. 校正前端严重碰撞的汽车时，要先校正________。

A. 散热器支架　　B. 车身中部　　C. 前纵梁　　D. 车身后部

8. 如果在切割较厚的材料时，等离子割炬与工件保持________，火花将被射回到气体喷射器中。

A. 倾斜　　B. 平行　　C. 交叉　　D. 垂直

9. ________塑料的弹性好。

A. 热塑性　　B. 热固性　　C. 热固性和热塑性

10. 在使用钣金工具拉伸时，下面________是错误的。

A.

B.

C.

D.

三、判断题（对的打“√”，错的打“×”）

1. 大多数碰撞都会同时造成直接损伤和间接损伤这两种损伤，并且大部分都是间接损伤。（　　）

2. 主要依靠目测判断车身的整体变形量。（　　）

3. 汽车前部车身和后部车身要设计得在某种程度上容易损坏，而中部车身要保证设计得结实牢固。（　　）

4. 传统测量使用的量具主要是钢卷尺和量规。（　　）

5. 半自动电子测量系统在测量中每次只能测量一个控制点。（　　）

6. 拉伸区的修理可以用锤子敲打，压缩区的修理可以用垫铁敲打。（　　）

7. 等离子弧切割过程是依靠氧化反应来切割金属的。（　　）

8. 汽车维修企业在车间一般设有明显的安全警示标志，配备水龙头、防火沙、灭火器等消防设施，阻止火灾的发生。（　　）

9. 移动校正设备通常又称机动设备，优点是可随时随工作要求而移动。（　　）

10. 维修期间应确保车辆的安全，不要让无驾驶证的人驾驶车辆在车间内随意移动。（　　）

四、简答题

1. 简述车身大修作业的性能要求。

2. 简述使用轨道式量规测量的注意事项。

3. 焊接时应佩戴哪些安全防护用品？

4. 简述后翼子板装配的操作步骤和操作方法。

综合试卷三

一、填空题（将正确答案填写在横线上）

1. 正面刮碰严重时一侧翼子板将严重损坏，并导致一侧________、________、________________、________________及其________________等部件受损变形。

2. 车身构件的直观损坏可分为________和________两种类型。

3. 在测量系统的计算机数据库中，存储了大量______、__________和______的车身数据。

4. 电子式测量主要分为________________、________________和______________三类。

5. 在车身作业时，需加强对人体__________、__________、__________、__________、__________等位置的防护。

6. 用于车身校正的设备有__________、________、________和____________________等多种形式。

7. 修复的基本工艺就是通过__________或__________修复来恢复板件表面的________和__________。

8. 敲平法可分为__________和__________。

9. 塑料汽车外装饰件主要有__________、__________、__________、__________等。

10. 千斤顶有__________和__________两种。

二、选择题（将代表正确答案的字母填写在横线上）

1. 立柱是构成车身侧框架的钣金________，是非常重要的支撑件。

A. 结构件　　B. 车架件　　C. 覆盖件　　D. 车身

2. 应力集中区域在碰撞冲击力的作用下，会吸收________，最大限度地保护车内乘员的安全。

A. 撞击　　B. 弹性变形　　C. 塑性变形　　D. 冲击能量

3. 用______测量的最佳部位就是悬架和机械部件的固定点。

A. 钢直尺　　B. 钢卷尺　　C. 杆规　　D. 中心量规

4. 每个传感器测量相应点的______坐标，并转换到基准坐标体系中，实时给出车身测量点的测量结果。

A. 一维　　B. 二维　　C. 三维　　D. 空间

5. 为满足不同车身下部固定位置的需要，主夹具结构有多种，________可以夹持比较宽的裙边部位，防止拉伸中损坏夹持部位；________的钳口开口很宽，能够夹持车架。

A. 单夹头夹具　　B. 双夹头夹具　　C. 普通夹具　　D. 大力钳

6. 外形修复机是通过________把垫圈焊接在钢板上的。

A. 电弧加热　　B. 电阻热　　C. 火焰加热　　D. 收火

7. 切割更换后，________可以采用搭接的方式进行焊接。

A. 行李舱地板　　B. 前纵梁　　C. 门槛板　　D. 风窗立柱

8. 完成一次切割，在开始下一次切割以前，应________等离子切割枪开关，让空气连续几秒流过割炬，以防止喷嘴和电极过热。

A. 打开　　B. 关闭　　C. 半开　　D. 不确定

9. ________塑料在燃烧时会有熔滴产生。

A. 热固性　　B. 热塑性　　C. 热固性和热塑性

10. 在使用钣金工具拉伸时，下面________是错误的。

A.

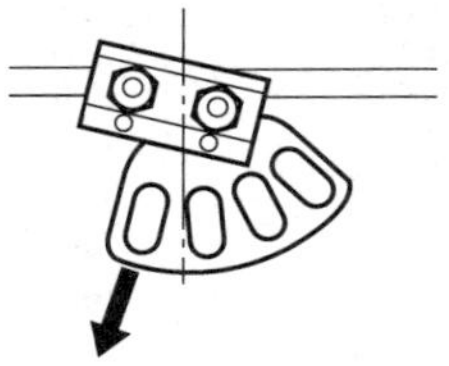

B.

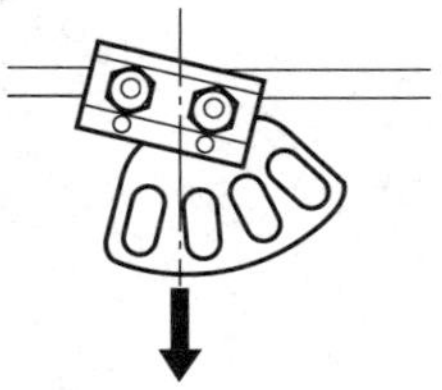

C.

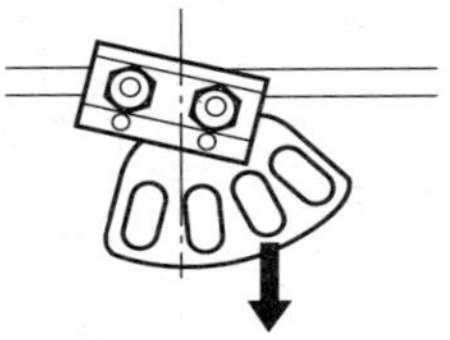

D.

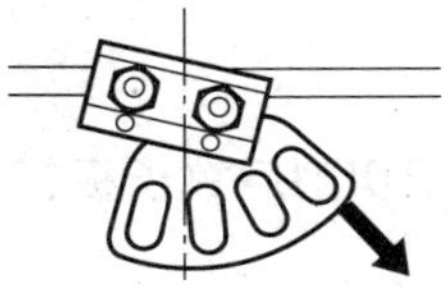

三、判断题（对的打"√"，错的打"×"）

1. 当汽车发生追尾后，车身的车顶板横梁、纵梁发生变形，顶板塌陷，严重时会使整体车身变形。（　）

2. 发动机罩内板上拱起结构、前纵梁的凸出结构，具备独特的能量吸收分散功能，增加了安全隐患。（　）

3. 车身维修作业前，点火开关应置于关闭位置，同时拉起驻车制动器。（　）

4. 汽车碰撞事故是指汽车与汽车或汽车与物体之间发生碰撞，从而造成车辆损坏、被撞物损坏甚至人员伤亡等各种损失。（　）

5. 间接损伤是由直接损伤间接引起的，主要有折损、挤缩等形式。（　）

6. 专用测量系统，测量精度必须达到 ±（1 ~ 1.5）mm。（　）

7. 在切割厚度 3 mm 以上的板件时，等离子切割枪应与板件保持垂直。（　）

8. 半机械半电子测量系统在测量中每次只能测量一个控制点。（　）

9. 在车身维修车间应穿着合格的连体工作服，不能穿宽松的衣服和没系袖口扣子的衬衫，且不能佩戴饰物。（　）

10. 塑料在一定温度、一定压力下可以塑造成各种形状的部件。（　）

四、简述题

1. 简述车身检验流程。

2. 简述专用测量系统的功用。

3. 使用打磨机时应注意哪些事项?

4. 怎样等离子切割后翼子板?

综合试卷四

一、填空题（将正确答案填写在横线上）

1．确定损伤范围时，可通过____________________及____________________来判定。

2．车身检验一般从小修作业和大修作业角度，对汽车车身的__________、__________、__________等进行检验，以达到出厂的__________和__________。

3．专用测量工具是根据车身上主要测量点的____________________制作出一套包含主要测量点的__________。

4．超声波测量系统主要由__________________、__________________、__________及__________等组成。

5．带定位夹具的大梁校正仪是通过定位夹具来__________、__________、__________车身底盘部位重要的点。

6．使用的工具和设备有__________、__________和__________三类。

7．车身前纵梁发生严重变形，需将其________、________、________及__________，恢复其__________和__________。

8．塑料在汽车上的应用，主要分为__________和__________两大类。

9．车身平台式校正仪主要由________、________、________、____________________、__________和附件等组成。

10．等离子切割设备主要由__________、__________、__________等组成。

二、选择题（将代表正确答案的字母填写在横线上）

1．下凹损坏即车架某一段比正常位置______。

A．高　　B．低　　C．平齐　　D．无法判断

2．挤压与上下弯曲经常同时出现，一般都是先测定车身是否有______。

A．上下弯曲　　B．挤压　　C．无所谓　　D．其他变形

3．铁锤用力敲打凹陷处与用液压千斤顶将凹陷顶出相比，所得形状______。

A．难以判别　　B．折皱不平

C．和原来差不多　　D．和原来完全一样

4．______适应性强，扳转力大，适用于拆装所处空间狭小的螺栓螺母。

A．花扳手　　B．开口扳手　　C．套筒扳手　　D．可调扳手

5．汽车维修企业在车间一般设有明显的______标志。

A．安全警示　　B．安全提示　　C．安全警告　　D．区域功能

6．在使用垫铁、钣金锤和外形修复机都可以修理的情况下，使用______省时省力。

A．垫铁、钣金锤　　B．外形修复机　　C．两种工具都可以　　D．两种工具不可

7. 校正仪的斜拉臂可以向上拉伸______。

A. 前纵梁　　B. 后纵梁

C. 车顶板或风窗立柱　　D. 以上选项都可以

8. 使用等离子切割机时，搭铁夹地连接处应尽量______切割部位。

A. 远离　　B. 靠近　　C. 脱离　　D. 保持距离

9. 热塑性塑料件的损坏一般用______的方式来进行修理。

A. 焊接　　B. 粘接　　C. 铆接

10. 使用液压顶杆进行拉伸时，拉伸链条、液压顶杆、车身拉伸点和链条固定点要形成一个简单的三角形拉伸图，下面图示中正确的是______。

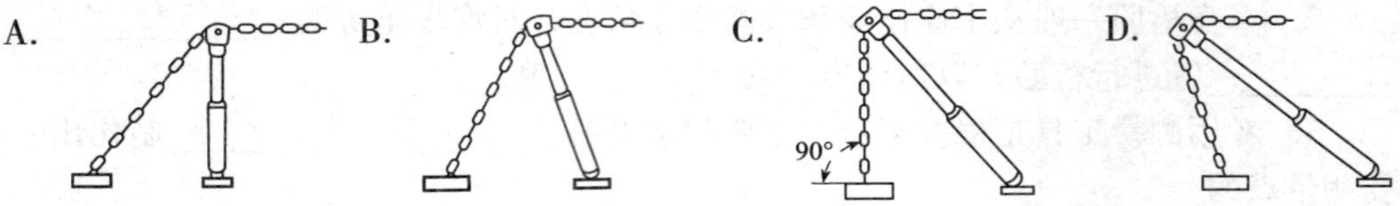

A.　　B.　　C.　　D.

90°

三、判断题（对的打“√”，错的打“×”）

1. 车身质量和碰撞力越大，对车辆的损坏就越大。（　）
2. 量具应快拿快放，切勿碰撞，以防量具变形、损坏。（　）
3. 挤压变形一般是由于车身正面或后面撞击所引起的。（　）
4. 车身检验过程中，需采用目测和用精确的工具及设备测量相结合。（　）
5. 当金属表面出现大曲率变形时，需判断曲率变形方向。（　）
6. 在所有的凹陷部位向上敲打，并将所有的拱形部位向下敲打，最终能使金属变平。（　）
7. 等离子切割机也与其他焊接设备一样，采用低电压、高电流工作方式。（　）
8. 电阻点焊（俗称点焊）因具有焊接时间短、变形小等许多优点，所以得到了广泛应用。（　）
9. 塑料具有许多优良的物理和化学性能，质量轻，化学稳定性好，比强度高，电绝缘性好，耐磨、减磨性好，吸振性和消声性好。（　）
10. 铝质板材在打磨过程中会产生很多铝粉，吸入后不但对人体有害，而且在空气中易燃易爆。（　）

四、简答题

1. 如何检查发动机罩和锁扣？

2．在进行测量工作前要做哪些准备工作？

3．简述利用平台式大梁校正仪修复车身前部损伤的操作流程。

4．简述前纵梁更换的工艺过程。

综合试卷五

一、填空题（将正确答案填写在横线上）

1. 车架变形主要检查车架有无________、________、________、________等问题。
2. 电子式测量系统由__________、__________、__________等部分组成。
3. 计算机根据需要能自动地把测量的__________、__________和__________显示出来。
4. 定位夹具分为__________和__________两种形式。
5. 带定位夹具式大梁校正仪主要由__________、__________、__________、_________、__________及附件组成。
6. __________又称“抛光机”，主要用于车身表面金属打磨、腻子层打磨等。
7. 整形机修复主要依托__________和__________的配合，通过__________修复、焊接、收火，使门板表面的形状和性能恢复。
8. 汽车后翼子板通常采用__________、__________和__________进行焊接。
9. 车身左侧受到严重碰撞，________、________、________、________等都发生变形。
10. 车用塑料件损伤面积较小，通常可以通过________、________、________进行维修。

二、选择题（将代表正确答案的字母填写在横线上）

1. __________是车身前部的主要吸能构件。

A. 前纵梁　B. 门槛板　C. 天窗　D. 翼子板

2. 如车身损坏的扭曲和弯曲变形同时存在，一般先恢复______。

A. 弯曲变形　B. 扭曲变形　C. 无所谓　D. 其他变形

3. 为保证汽车使用性能良好，总成的安装位置必须正确，因此在修理后要求车身尺寸配合误差不能超过________。

A. 1 mm　B. 2 mm　C. 3 mm　D. 5 mm

4. ________的测量工具是一个类似轨道式量规的测尺，在量规上安装了位移传感器。

A. 半机械半电子测量系统　B. 半自动电子测量系统

C. 全自动电子测量系统　D. 定位式电子测量系统

5. 移动校正设备相对固定式设备的优点是可随时随工作要求而______。

A. 移动　B. 固定　C. 约束　D. 连接

6. 使用移动式设备进行校正工作时，将设备推入受损车辆的侧方，而车辆的车架或底盘上的车梁、门框等部位往往作为拉出或推出作业时施力的______。

A. 参照　B. 平台　C. 目标　D. 支点

7. 拱起的损伤，应该先从________进行修理。

A. 最低点　B. 最高点　C. 中间　D. 两边

8．等离子切割的速度由金属的__________决定。

A．电流　　B．电压　　C．材料　　D．厚度

9．对塑料件进行预处理打磨时，要使用________的砂轮片。

A．细粒度　　B．中粒度　　C．粗粒度

10．钢板和铝板应使用__________的工具来修整。

A．类似　　B．相近　　C．相同　　D．不同

三、判断题（对的打“√”，错的打“×”）

1．碰撞力的方向影响着事故车的损坏程度。（　　）

2．加工硬化是外力使变形达到塑性变形的上限时，金属产生的一种硬度增加、塑性和韧性下降的现象。（　　）

3．用压缩气体作为动力的工具，又称风动工具。（　　）

4．适当时可将螺钉旋具当撬棒或錾子使用。（　　）

5．车身数据图样能反映出车身上测量点的长、宽、高的三维数据。（　　）

6．在车身修理时，大部分工作都是在修理直接损伤。（　　）

7．防护眼镜能在锤击、钻孔、磨削和切削等操作中，防止尘埃、飞屑、化学品飞溅及烟雾等击伤面部或眼睛。（　　）

8．铝板的强度低、熔点低，加热温度不能过高，否则会使板件产生更大的变形，导致修复失败。（　　）

9．车身维修作业前，点火开关应置于关闭位置，同时拉起驻车制动器。（　　）

10．在车身作业时，仅需加强对人体上身、呼吸、头部、手部位置的防护。（　　）

四、简答题

1．如何检查汽车车门？

2．简述超声波测量系统的操作方法。

3．车身校正仪使用操作有哪些注意事项？

4．简述铝件修复的条件。